# 페이퍼돌

김지은
1985년 경기도 평택에서 태어났다.
2015년 『현대시학』을 통해 시인으로 등단했다.
시집 『페이퍼돌』을 썼다.

파란시선 0109 페이퍼돌

**1판 1쇄 펴낸날** 2022년 10월 10일
**지은이** 김지은
**디자인** 최선영
**인쇄인** (주)두경 정지오
**펴낸이** 채상우
**펴낸곳** (주)함께하는출판그룹파란
**등록번호** 제2015-000068호
**등록일자** 2015년 9월 15일
**주소** (10387) 경기도 고양시 일산서구 중앙로 1455 대우시티프라자 B1 202-1호
**전화** 031-919-4288
**팩스** 031-919-4287
**모바일팩스** 0504-441-3439
**이메일** bookparan2015@hanmail.net

ⓒ김지은, 2022, printed in Seoul, Korea

**ISBN** 979-11-91897-34-0 03810

**값** 10,000원

*이 책 내용의 전부 또는 일부를 재사용하려면 반드시 저작권자와 (주)함께하는출판
 그룹파란 양측의 동의를 받아야 합니다.
*잘못된 책은 바꾸어 드립니다.
*지은이와의 협의 하에 인지는 생략합니다.
*이 도서는 2020년도 한국문화예술위원회 아르코문학창작기금지원사업에 선정되어
 발간되었습니다.

# 페이퍼돌

김지은 시집

**시인의 말**

오늘은 팔을 찾으러 다녀왔어
우리가 저녁마다 운동을 하던 공원
배드민턴을 치는 큰 사람과 작은 사람
셔틀콕
떨어지기 위해 거기 있는 것
어디선가 모두 하고 있을까
내가 아닌 다른 사람과 네가 하는 것을
보고 싶다

## 차례

시인의 말

**제1부 일인칭 종말**
가스라이팅 – 11
후유증 – 12
파라노이아 – 14
토끼코크 – 16
침엽수림 – 18
밀월 – 19
모방범 – 20
프릭쇼 – 22
공중정원 – 24
농락 – 26
베이킹파우더 – 28
부표 – 30
흰 밤 – 32
클로젯 – 34
퍼즐 – 36
타로 – 38
포비아 – 40
일인칭 종말 – 42
프로아나 – 44

**제2부 다족류**
낮은기분증후군 – 47
무인칭 – 48

손차양 - 50

퍼플 스모크 브람스 - 52

기문(氣門) - 54

드라이아이스 - 56

리틀 라이프 - 58

연인 - 60

캠핑 - 62

종이 빨대 - 64

서울, 서울 - 66

스타티스 - 68

로코코 양식으로 깎은 밤 - 70

이석증 - 72

야간 개장 - 74

네크로필리아 - 76

프릭쇼 - 78

간절기 - 80

## 제3부 무인 모텔

크렘 브륄레 - 83

압화 - 84

허밍 - 86

파과 - 88

아메링고 - 90

오마주 - 92

인공 - 94

스노우볼 - 96

역자 서문 - 98

코튼 캔디 - 100

키오스크 - 102

실버타운 - 104

올드타운 - 106

분실 - 108

페이퍼돌 - 109

개와 늑대의 시간 - 112

애드벌룬 - 114

나팔소라 - 116

사순절 - 118

코인라커 - 120

보트피플 - 122

**해설**
**김정빈** 유치와 안녕으로 당도한 해변 - 123

**제1부 일인칭 종말**

# 가스라이팅


안녕 나는 오키나와 그늘로 걸어가면 조금 추운 날씨야 저녁 나무가 축축하다

우편으로 보낸 면도칼 잘 받아 보았어 예쁘게 녹이 슬었더라 이제 너는 서른 살이 되었고 여전히 공원 벤치에 앉아 있는지 자주 궁금하지만 어제 너를 만나러 가며 듣던 노래를 듣다 들숨과 날숨의 순서를 잊었다 분명 나는 문제가 있어 조금씩 미쳐 가고 있거나 닳고 있는지도 몰라 기침이 뜨겁다 사람들이 도로 위에서 빼뚤빼뚤 운전하는 게 어쩐지 박수를 치고 싶어서 술을 마셨다 네가 두고 간 고양이가 나를 할퀴고 피를 내고 핥아 주었다 날 선 혓바닥이 신선해 상처는 자고 일어나니 붙어 있었어 마른 피를 뜯어내며 나는 아직 싱싱한 편이야 이렇게 편지를 쓰면 혀 밑에 숨겨 둔 이야기에 꼬리가 자라나 봐 목숨을 걸고 연습하는 사람들 사전을 펼치고 정당과 안전 위에 까맣게 선을 그었다 함께 낡아 가자는 말을 하고 싶었을 뿐이지 아무것도 아니야 여전히 너 아름다운지 안녕, 안녕 나는 오키나와 그늘이 젖어 오면 안개가 곧 도착한다는 소식으로 믿으며

## 후유증

실패를 도모하면서 너와 나의 간격은 좁아진다
코를 부비고 입술의 색을 지우는 동안

침대의 스프링은 흐트러지고 계절이 녹슨다
다정하게 겹쳐지는 당신과 나의 그림자
얼룩 위에 눕는 얼룩의 기분으로

돌아보지 않는 앞모습을 이해해야 한다
우리는 귀를 막고 거울을 보며 의심을 상상한다

초침의 움직임은 거대하거나 사소해서
누군가는 질병의 징후라고 말하고
누군가는 유전자 탓이라고 중얼거린다

어떤 우리가 질문을 만들어 내는지
차가운 대답이 혈관 속을 떠돌면
나는 더 많은 왜가 필요해서 왜
희박해지는 것은 공기여야 하는지 왜
세계는 어제부터 휘발 중인 건지

우리, 발음. 이렇게 불가능한 완결형으로

## 파라노이아

뇌가 녹는 병의 이름을 뭐라고 했었지?
크리스마스를 피우는 기분이라 한다면
당신 나를 안아 줄래요

사월은 성가셔
감기의 느낌이 기억나지 않는걸

우리는 춤추고 웃는 쪽에 있어요

바늘을 삼키면 많이 따가울까
나는 푸르고 하얀 눈동자를 많이 가지고 있죠

기념일이라는 말을 붙이면
조금 너그러워집니다

댄스와 사교의 중간에서
열심인 사람들

밟고 옮기고 다시 밟아 주세요
한 번에 한 걸음씩

다리가 늘어나는 건 싫어요
발은 두 갠데 내게는 너무 많은 구두가

나의 역할을 모두 당신에게 줄게요

마마와 파파의 얼굴이 낭만적이네요

그러니까 오늘은 기념일의 기념일

나의 생일입니다

## 토끼코크

비밀 하나 말해 줄까
나 오늘 태풍을 삼켰어

코끼리의 귀가 무지갯빛으로 펄럭이고
애인의 혀끝에서 사루비아 꿀이
똑똑 떨어진다

반투명 비닐봉지 안에서
특별해지는 우리의 들숨

지구를 떠받친 사백 개의 뿔이
우리의 세계를 찢지 않기를
간절할수록 기도는 천박해지나 봐

마주 잡은 두 손 사이 순례의 길이 펼쳐진다
배고프지 않아도 침이 자꾸 고이고
사랑이 아니어도 너랑 잘 수 있다니

날숨 없이 행복해지는 마법을 알려 줄게
드디어 네가 정지를 이해했다면

놀러 와도 좋아

둘이 셋은 될 수 있지만 하나가 될 순 없으니

●토끼코크: 강력 접착제 이름.
●지구를 떠받친 사백 개의 뿔: 『코란』에 따르면 지구는 사백 개의 뿔을 지닌 암소가 떠받치고 있다고 한다.

## 침엽수림

 소년의 숲에 들어갔던 날에 대해 언젠간 이야기해야 한다고 계속 결심했었어 나는 불을 다뤘다 엄마가 내게 소리를 지를 때 아빠의 친구가 술에 취해 나를 만졌을 때 담배에 불을 붙이고 내 손바닥과 무릎의 너른 공간을 확인했는데 더듬더듬 뜨거움을 끌어안고 큰 파도가 치거나 투명한 물 위에 떠 있는 꿈을 꾸기도 했는데 얼어붙을 것들에 입을 맞출 의향으로 나는 자꾸 부풀었다 소년은 나의 동상에 혀를 가져가며 붉은 꽃이라 부르곤 팔 안쪽의 여린 살갗에 무수히 새겨진 자국을 보여 줬다 내게만 내리는 비 같아, 라고 말하니 여기는 나만의 숲이야 그리고 나무들에게 내가 내리는……이라고 대답했던 소년의 마른 입술 때문에 듣지 못했던 마지막 말의 조각을 찾아 나는 아직 그 숲에 있다 거스러미가 일어난 손가락으로 나의 꽃을 오래 문지르던 너를 위해 물고기가 죽어서 나는 냄새가 비린내래, 왜 우리 몸에서 그런 냄새가 날까? 그날로부터 얼마나 많은 꽃들은 피어나야 했을까.

# 밀웜

기분은 너의 표정을 따라올 거야 그러니 웃으라고 말했죠 어머니 왜 당신의 그림자는 농도가 계속 옅어질까요 어머니의 볼에서 살구의 빛깔을 손바닥에서 계절의 움직임을 덜어 내던 당신의 아이는 살아서 무엇이 되었나요 나는 자꾸 사람을 죽이고 싶어요 아주 가끔 창문을 열고 소리를 지르고 발을 구르듯 악담을 퍼붓고 어깨를 밀쳤던 사람을 사람이니까 사람을 죽이고 싶지 어떻게 그럴 수 있냐는 말은 통증을 이해해 본 적 없는 인간이나 할 수 있는 말 나는 단 한 번도 개나 고양이를 발로 찬 적이 없는데 엄마 자꾸 사람을…… 그래서 나 혹시 손이 두 개일까 두 눈을 가리기 위해 두 귀를 막기 위해 그것도 아니라면 너의 목을 조르기 위해? 어머니 인과관계를 사랑했던 여러 어머니 그런데 그거 알아요? 나는 정말 단 한 번도 개나 고양이를 다치게 한 적이……

●밀웜은 먹이 없이 한 달간 생존할 수 있다.

## 모방범

나는 지도 위에 그리고 있어
유치들이 가는 나라
코끼리가 죽기 위해 몸을 뉘러 달려가는 곳
새는 죽으면 내장부터 썩는대
누구나 그렇지 않나……
어떤 사실은 영원히 이해되지 않는다
고개를 주억이면 이해의 체위에 가까워지는 기분
죽은 까마귀의 깃털에서 윤기가 사라지는 속도로
테두리를 그리고 색채를 고른다
오늘 내 마음에 든 것은
당신의 그림자가 버린 무채색
내가 밟고 있는 검정은 검정에 가깝지도 않다던
너의 탈색된 그림자를
오래 핥으며
날아오르기 위해 뼈를 비웠던 모든 새들을
애도할 것이다

팔레트를 펼쳐 침을 뱉고 물감을 섞어
우리의 점도 높은 풍경을 채울게

지도 위 새로운 나라에 분명 당도할

차가운 몸들을 위해

프릭쇼

까마귀와 구관조의 혀가 닮았다는 사실 때문에
일요일이 특별해지지는 않지

세상에는 새를 파는 가게가 있고 누군가는
길들이는 일을 취미처럼 진지하게 생각해

눈동자는 한곳으로 모아진다 아프게
아프게 가끔 집으로 가는 길이 기억나

흰옷을 늘 희게 입을 수 있다면
여자의 회초리가 바람을 가르는 소리에
휘파람을 불 수 있을 텐데

발목이 자꾸 두꺼워져서
나는 물구나무를 서야 한다

팔꿈치에 입을 맞추는 연습을 하면
여자가 박수를 치고 빈 새장이 흔들렸지

노랗고 끈적한 땀에서 냄새가 나고

색 있는 옷을 선물 받는 꿈을 꿨는데

내가 받치고 있는 세계에서 나는
붉고 웃기는 얼굴

거꾸로 서 있어도 물컹한 핏덩어리는
가랑이를 빠져나갔지
죽어도 궁금해지지 않을 중력

회전목마의 관절을 닮아 가는 여자를
닮아 가는 나의
일요일이 특별해진다면

## 공중정원

―

표정의 시차를 필사하는 데 온 마음을 빼앗겨
읽지 못했던

우리를 애도할 수 있는 건
소독약 냄새의 흰 시트뿐이야

오늘은 조금 하늘의 멍에 가까워진 기분

이런 감정을 사용한 저녁에는
두 종류의 피가 섞여 만들어진 짐승을
인상으로만 기억하고
언젠가의 진심을 찾아내 오래, 쓰다듬어 주기를

그때 내가 할 수 있는 오해들은 따뜻하고 무모하겠지

입술만 움직여 소리 나지 않던 우리의 공통

지붕 밑의 방 한 칸과 멀어지는 자정을 위해
온몸을 느슨하게 만들던 시간

―

그러니까 나의 이만큼에서 저만큼의 당신까지
유일하게 선명한 바람은
밤의 음각을 알려 준 하나의 사람이 되는 것이었는데

기록을 위해 나는 얼었다 녹기를 반복하고
당신은 유빙의 얼굴로

## 농람

내가 밟고 선 그림자의 안부를 묻고 싶을 때

이렇게 검정을 깔고 누워 엄지손가락을 빨면
자궁 안에서의 자세 같아 미간에 그늘이 들지

오전에 머리를 귀 뒤로 넘겨 주던 소년은
기르던 고양이의 가죽을 붙잡고 마당으로 나가
목을 부러뜨리고 배를 갈랐다

선지가 슴덩슴덩 씹히는 붉은 국이 저녁상에 오른다
뜨거운 국물로 몸 안쪽부터 따뜻해진 나는 아랫배를 쓰다듬는다

몽글몽글하고 상냥한 고양이의 이름은 우리였다
우리는 피가 가득 찬 봉지일까
숨 쉬는 가죽일까

깨끗해진 그릇을 앞에 두고 순교자의 허기를 상상한다
신도 배가 고플까 나는 우리를 아꼈었는데

따뜻한 국물이 준 기운으로
당신이 줬던 문장들이 모두 빠져나가길 바라며
허벅지 위 무수한 선분을 긋는다

새빨간 문장들

우리가 밟고 선 표정을 지운다

## 베이킹파우더

죽은 사람을 미워할 수 있을까

그때 그 등. 일월의 오후
찢어진 책을 정리하는 손등 위로
물이 떨어진다

젖은 교복의 여자아이

점자의 세계에 버려진

타오르던 춤들 재가 됐고
빠진 발톱은 다시 끼울 수 없겠지

무딘 손끝으로 읽어 내야 하는 편지

이 글은 영국에서 처음 시작됐고
사 일 안에 당신의 곁을 떠나야 한다……

젖은 교복을 입고 앉아 있는
여자, 아이

영원할 것 같은 영원 알고 계세요?

입술의 색이 옅은 사람이
쓰다 지운 말

부표

처음엔 하나의 사탕이었지
혀 위에서 굴릴 수 있을 만큼의 하나

내가 아직 아이였을 때
여자의 건조한 손가락이
마른 입술을 벌려 밀어 넣던
인공 자두 냄새

돌아올게 사탕이 사라지기 전에

목소리는 밀려오고 밀려간다

벌어진 입 새로 턱을 따라 흐르던
검은 침

아무리 둥글려도 녹지 않는 것은 있겠지

열 밤과 열 밤

아무리 빨아도 닳지 않는

내가 기다리는 미래

## 흰 밤

내 뼈에 음악을 새긴 사람
악보를 읽을 줄 모른다 말해도 듣지 않던

그럼에도 우리는 때로
거대한 하나의 귀였다

손깍지를 끼고 화장실에 함께 가는
등 뒤에서 술렁이는
모든 소리에 기울어지던

언니 사람의 상처는 꽃잎을 닮은 것 같아

함께 쪼그려 앉은 욕조 안에서
우리의 체온은 낮아진다
느리고 확실하게

찢어지고 냄새나는 살의 아름다움을
오래 문지를 때

수증기 피어오르고

언니, 나는
뼈를 부수며 새어 나오는
노래를 따라……

## 클로젯

창밖으로 지나가는 앰뷸런스
뾰족하다고 할까 뜨겁다고 할까

나의 흰 방은 인형으로 가득하고
두꺼운 창문과 무거운 암막 커튼이 있다

등을 기대고 서서 인형의 머리를 빗기고
땋아 주고 볼에 입을 맞출 때

벽장에서 튀어나와 비명을 지르는 여자와
허리띠의 버클로 손을 가져가는 남자

뾰족하기도 뜨겁기도 한

분홍과 탱고를 사랑하지 않을 수 있어?

혁대가 바람을 가르는 소리 안에서

인형의 눈동자를 번역하고
남자의 손등에 입을 맞출 수도 있는데

아침에 자른 수염이
저녁을 매일 데리고 온다

## 퍼즐

처음을 영원히 기억하는 병을 줄게

나의 조각을 주우며 당신은 말했다

사 차선이 두 개면 많이 위험할까요
횡단을 기다리며 느리게 감기는 눈

그림자의 흔들림에 혈관은 좁아 들고
비가 오기 전의 냄새가 났다

나는 먼지를 읽을 수 있고
너의 굴곡과 닮은 나의 손금 위에서

잃어버린다
언젠가 완성되거나 흩어져 버릴

알약을 씹으면 경쾌한 소리가 나지만
머릿속은 무겁습니다

아무도 진단하지 못했던 너와 나의 상태에

유일한 진실은
서로가 서로의 증상이었다는 것
그럼에도

어디가 불편하냐고 물으신다면

처음이, 계속 오고 있다고

# 타로

1.

파도에 손이 있어 때론 사람을 할퀴기도 한다는 것을 알고 있는 우리 사이에 최대한의 위로를 여름이라 해 볼까 개장과 폐장이 있는 해변에 버리고 온 것을 한 쌍의 귀라 부를 때 무언가를 짚어야 하는 손이 있었고 손은 방향을 잃었고 넘어질 수밖에 없었던 필연이 당신과 나를 묶어 뒀다고

2.

사거리의 횡단보도 밑에 있어요 희다기보다 저는 얼굴이 더 자주 보입니다 달리는 버스 안이나 상점 안에서 문득 고개를 들었을 때 거기, 거기 있어요 색채와 형태 같은 것은 중요하지 않아요

표정이랄 것이 그들에겐 없어요 그냥 우두커니 보고 있어요 지나가는 눈빛에 내 눈빛이 부딪힌 거예요 소리가 났다면 칼을 삼키거나 입을 빌려주지 않아도 당신도 거기 있다는 것을 알 수 있었을 텐데 엄마 나를 바라보는 당신의 눈 너희가 서로에게 끌린 이유는 환절기와 간절기 같

앉기 때문이야 아니 우리를 정의하지 말아 줘 설명하려고
하지 말아 줘 꽃말도 모르면서 꽃을 사 주고 받는 우리를

포비아

일기장을 펼치면 사월이 쏟아진다
날씨는 나아지지 않을 것이다, 로 빼곡한

달의 테두리에 무거운 문장을 걸어 두었다

이 문장을 건져 낸 손안은
바다 냄새, 오래된 놀이터의 냄새가

오늘은 걸어갈 수 있겠지

바닥이 높아지거나 벽이 쏟아지는데

늙은 사람의 냄새에 익숙해지기 위해
사막을 스케치한다던
나는 너의 움직이는 자상

바닥은 울퉁거리고 벽은 울기 직전의 표정
소리친다
쏟아 내렴 쏟아 버리렴
좁아 드는 사방이 털을 곤두세우고 달려든다

오늘은 눈을 뜨고도 손목을 끊을 수 있겠다

## 일인칭 종말

우리 이렇게 종말을 맞이하자
운석이 떨어지기 전에
좀비가 달려들어 목을 물기 전에
어떤 종말은 포옹의 냄새가 나고
말들이 넘어지는 소리가 난다
그렇게 이름의 테두리가 부서지기 시작할 때
나는 당신의 머리를 끌어안고 당신은 나의 유두를 빨면서
아껴 두었던 체리향 담배를 물고 통장 잔고에 인사를 건네자
진짜, 종말이 오기 전에
서로의 머리를 빗기고 차가워진 어깨에 얼굴을 묻자
네 몸 위의 모든 점을 세고 이상한 곳에 돋아난 털에
이름을 붙일게 웃음을 터트리며
그래 종말이 오기 전에
서로의 눈을 바라보고
각자의 중심에 바늘을 밀어 넣자
여기 사람 있어요, 라고 외치지 말고
나 혼자 살아남고 싶지 않아
그건 너도 마찬가지지

그러니 너를 먼저 찌르고
피 흘리며 굳어 가는 몸의 옆에 누워 모서리를 삼킬게
어딘가의 귀퉁이들을
오래된 연인의 섹스처럼 건조한 열망으로
당신 나를 믿고 있지

프로아나

토막 살해 당한 시체가 강변 산책로에서 발견되었다는 뉴스를 듣는다

거울 앞 벗은 몸을 내려다보며
누구도 이런 뱃살을 토막 내고 싶지는 않을 것이라 생각한다
그것은
투명하고 가벼우며 얇은 뼈대를 가졌을 것 같다
점 하나 없는 흰 가죽으로 뒤덮여
아름답게 썩어 갈 분명의 고기들

나는 출렁이는 팔뚝의 살과 한없이 늘어나는 뱃살 위를 커터칼로 긋는다

신이 왜 우리를 사랑해야 해? 라는 의문으로
이 글은 시작한다

**제2부 다족류**

## 낮은기분증후군



   신은 우리를 용서한다겠지만 나는 우리를 용서할 수 있을까 너의 가는 목을 사랑해 손아귀에 조금의 힘을 싣는 것만으로도 혈관이 튀어 오르는 잠깐 딱딱했지만 이내 물렁거렸던 어쨌든 눕는 건 좋아요 질리지 않지요 눈을 돌리지 말아요 나는 당신이 붙잡았던 나의 얼굴을 생각합니다 흰 말이었지요 꼬리를 흔드는 흰 말은 이제 흰 말이기를 그칩니다 눈! 눈을 조심하세요 감으면 안 돼요 왼손과 오른손의 악력이 다른가 봐요 무지개는 여름이 하는 농담이라던 당신의 입술이 창백해집니다 말이 달려가네요 지금 뭔가 함께 달려가지 않았어? 달려갔는데 무언가 그러니까 무엇일까 우리가 함께 잃어버린 것 우리는 우리인데 왜 동시에 눈을 깜박일 수 없을까, 같은 속도로 심장이 뛰지 않을까, 두드리기 위해 쥐었던 주먹인데 이 주먹은 지속되는 농담처럼 굴어 대네 그러니까 너 내 침을 먹고 싶니? 먹을 수 있니

## 무인칭


책장을 넘기면 겨울이라는 것을 정말 알지 못했나

늦여름과 가을의 사이에서 길을 잃고 페이지의 가장자리에 매달려 눈을 뜬 채 가벼워지기를 기다리고 있었다 영혼이 빠져나간 육신은 무게가 변한다는 사실을
 긍정하기 위해

움켜쥔 세계는 있었다와 잊었다의 사이에

호흡 한 번에 땀을 흘리고 냄새를 만들었었지

살갗 위의 체액들이 흰 알갱이로 굳어 가는 장면 앞에서 호명했던 수많은 무사(無事)들

무. 사. 무. 사. 그러니 무사히.

아픈 몸으로 시간 속에서 녹아내릴 수 있음에 찢어지고 피 흘리고 다시 새살이 돋고 어김없이 찢어졌던, 들에게
 무릎을 굽히고 입을 맞출 수 있을까
 섬에 갔을 때 섬의 아름다움만을 오래 만졌던 일들에

허리 숙여 주저앉을 자격을 요구할 수 있을까

더운 발로 오래 걸은 날에는 꼭 열이 오른다

나만의 이야기는 아닐 것이다

## 손차양

오 분만 있다가 깨워 줘, 라는 소년의 꿈 안으로
까치발로 들어가 심었던 나무에 대해
그 나무에 열린 단어로 만든 노래의 눈부심에 대해

호흡하듯 말해야만 한다

누군가 굳은 혀로 불러 줬던 노래처럼
더듬더듬 흘러나온 음률이 귀 안을 메울 때
맞출 수 없는 박자에 몸을 흔들어 오는 사람을
선량이라 이해한다면

타인의 꿈속에서 길을 잃어도 될 것이다
울다 잠드는 나와 울며 깨어나는 당신을
거울이라 여겨도 좋을 것이다

그러니 성장이란 좋은 일이겠지?

오늘은, 누나 사랑을 할 수 없을 것 같아 사랑을 하면
안 될 것 같아

일어나, 그만. 몸이 자라도록
우리의 발이 그 꿈 안에 영원히

느슨할 수 있도록

## 퍼플 스모크 브람스

위로스럽게 사용한 몸통을 버리며 도착한 곳은 밤이었다
시작했으나 끝맺지 못한 이야기들이 파랗게 흩어졌다
창문을 닫으며 나는 네 귓불의 온도를 생각했다 혹은
솜털이거나 더 아래에 있었던 푸른 반점에 대한
기억 사이로 러시아식 바람이 불었다
너는 간격이라 부르고 나는 평온이라 말했던
그런 바람 안에 희고 작은 손으로 네가 있는 것이다
나는 창을 등지고 너의 앞에 선다
수평은 차갑고 날카로워서
나의 얼굴은 바닥으로 떨어져 산산조각 난다
너는 본 적 없는 소란을 주워 들며 침착하고 영원하다
나는 너의 표정이 참 회색답다고 칭찬한다
너의 가늘고 위태로운 발목에 다시 입을 맞추며
오늘은 겨울입니까?
너와 나는 어느 방향을 향하고 있습니까?
언젠가 너의 손바닥은 넓어지고 손가락은 굵어지겠지
모든 것이 늘어날 만큼 늘어나 오늘을 덮을 것이다
검고 두꺼운 털이 너의 몸을 뚫고 자라나 겨울로부터 멀어지고
회색을 그만두는 날이 오겠지

나는 그날의 아름다운 검고 무거워진 소년을 위해
깨어진 입술로 거짓말을 하고
기침을 하면서도 바람이 불어오는 방향으로
한 번 더 거짓말을 하고
창을 거칠게 닫고 맛을 기억하는 혀를 뽑고 눈알을 짓이긴다
회색은 처음부터 없었던 색이라고
나는 그런 색은 꿈에서도 맛본 적 없다고
인도적으로 새카매질 당신을 위하여

## 기문(氣門)

함께 탄 오리배에서 발의 쓰임을 알았다

오리의 형상. 속을 긁어낸 텅 빈 배
내장 대신 채워진 당신과 나

안도 바깥도 아닌 곳에서

비행기에 있었지만 비행기로부터 추방당한
손들의 움켜쥠을 생각할 때

당신의 손톱은 손바닥을 파고들까

주먹을 쥘 때마다
엄지손가락의 위치는 애매하다, 는 생각

여전히 수면 위에는 소금쟁이가 떠 있고
수면 밑으로 그림자는 가라앉아야 한다

발을 구르는 방식이 휘발된다

물 밑에서 비대해지는 곤충의 그림자
점점

오리배의 머리가 향하는 곳으로

## 드라이아이스

   이 문장이 끝나면 나는 서랍에 대한 기억을 그만둘 것
이다 그러니

   이 글은 서랍을 위한 추모사다 일종의 당신의 전생을 걱
정하느라
   이 생에 전념하지 못했던 나의 졸렬한 편지라 여겨도
나쁘지 않을

   글의 뼈대를 세우기 위해 당신의 이름을 뒤지고
   단추의 출처에 대해 오래 고민하는 것

   덜그럭거리는 원래 서랍이란 그런 거야라는 말은
   눈사람의 눈동자처럼 차갑고 깊이 없지만

   여름의 호수를 떠올리며 겨울의 빙판 위에서 천천히 눈
감는 사람이 할 수 있는
   최대치의 위로라고 여기면

   왜 얼어 죽는 사람이 죽기 직전 입고 있던 옷을 모두 벗
어던지는지

눈사람에게도 영혼이 있어
귀신이 되어서라도 꼭 찾아간다는
북쪽에 대한 동화 같은 믿음이 얼어붙는다

마침표가 서랍 안에 없어서 끝나지 않는 이야기를 하고 있다고
아무리 큰 목소리를 내도 얼어붙는 입김 사이로 후두둑 떨어진 지금이

문장을 잇고 있다

## 리틀 라이프

십이월 아침 일곱 시의 빛으로 칠해 줘야 해

열린 창문을 보면 뛰어내리고
면도칼을 보면 팔뚝을 죽죽 긋고 싶다는

그런 사람을 만난 적 있지

리본을 달고 행진하거나
촛불을 들고 춤을 춰야 하는 세계에서

머리통은 새까맣고 많으면 많을수록 환해지겠지

체온 좀 빌려주세요 체온을
빌려 드릴게요

받을 생각 없이 빌려준 것이 많았습니다

완성된 문이 열리는 방향에서
사람의 색으로 쏟아지는

나는 용서의 속도를 알고 있는 밝은 밤
깊은 동굴입니다

●리틀 라이프: 한야 야나기하라의 소설 제목.

## 연인

나는 당신의 더 작은 쪽 눈에 입을 맞춘다

약속이 적히던 손바닥은 젖어 들고
문장이 허물어진다

고양이가 꼬리로 바닥을 때리는 이유와
회색 하늘에서 수박 냄새가 나는 것을
당신의 입술이라 여기고

남쪽이 더는 남쪽이 아닌 곳으로
함께 가고 싶어진다

내가 궁금해하는 것을 너도 궁금해한다면
나의 달력에 네가 메모를 하고

기록이 기억으로 그치지 않도록
나는 부지런해질 텐데

안락하게 멀어지는 아침을 기다리는 대신

나쁜 습관을 교정하고
종소리가 어울리는 정원과
울타리가 필요한 꽃 덤불을 상상한다

우리는 가시가 없는 꽃이 어울리는 사이

속눈썹이 젖을 때마다
그늘 밖에서도 서늘할 때마다

입속의 씹던 빵을 보여 준다

캠핑


우리가 잠든 동안 너구리는 춤을 추고 사슴은 뿔을 씻는다

잠을 과하게 자고 일어난 날엔 머리가 아프고 주먹이 쥐어지지 않았다
소매에 묻은 어둠을 세면대에서 씻어 내면 감은 눈 위로 지나간 밤이
하수구로 흘러갔다

거북이의 피로 그린 그림일기에 서사를 덧입혀 주기를

기대한 적 있었지

모래가 들어간 눈알을 혀로 핥아 줄 소년

설명할 단어를 고르는 사이

소년은 남자로 자라나고 모두의 몸 위로 굵은 털은 솟아나고
그러니까

여전히 나는 사람인데 내 손을 통과하는 빛이 있다

늦은 아침에 창을 가로지르는 햇살
아니.
당신은 언제나 내가 한 말들을 고쳐 쓴다

살아 있는데,
내 손을 통과하는 빛이 있다고

## 종이 빨대

어제 네 꿈을 꿨어

마시고 말하는 사람으로 가득한

좋은 꿈이었니?

이빨과 혀의 범람 덕분에
바로 앞의 사람이 하는 말을 알아들을 수 없어서
그냥 웃었다 웃다가 눈이 마주치면

꼭 외국 같다

칭찬처럼 자주 말했다
참 듣기 좋은 말이라는 듯

잎이 모두 떨어진 후에야
뿌리까지 썩었다는 걸 인정했어
화분이 감싼 다육이의 일상을
좀 더 구체적으로 알고 싶어졌다

그래서 의자로 가득한 방이 갖고 싶었지

일인용 소파와 이인용 소파의 크게 다르지 않은 가격
나는 이해가 잘 안 돼 상한 기분을 펼쳤다

아랑곳 않고
창문으로 쏟아지는 빛이 어루만지는 먼지와 눈을 맞추며
햇빛의 다정함이란 이야기를 직조하는
너의 더한 다정함에

다시, 처음으로 돌아가
너의 꿈을 사 주고 싶었다

유의미한 일인 것처럼

## 서울, 서울

안녕이라고 말하고 싶어서 당신을 사랑하기 시작했어

소리치는 입이 있고 마주 흔들어 오는 몸이 있어
열고 닫는 인사의 손 이곳엔 가득하다

그래서
결국 이제 고백을 시작한다

노래를 닮은 리듬으로

당신은 긴팔원숭이가 아니라 나를 안을 수 없다고 한다

손톱을 박으며 탑을 기어오르고
횃불에 불을 붙여도

처음부터 우리는 영장목 인간상과
당신은 당신이었지

단단해지는 꼬리 곧추세우는 허리로
흐트러지는 깃발을 따라갔다

우리 보라의 냄새를 맡은 적이 있지
뛰지 않는 심장을 언제나 언제나
갖고 싶어 했지

그러니까
구름의 맥을 짚는 손가락이 되자고 했었지?

함께 눈을 감고 걸었던 남색의 밤
어깨에서 어깨로 흘러가던 광장 안에서

떨어지지 않는 입술의 무게로

나는 들었고,
감았고,
살았다 그리고,
그래서.

## 스타티스

    눈썹뼈를 짚으며 이건 겨울인 걸까, 라고 했던 입술의 주인과
    화성에 땅을 살까 합니다

    은하수 시나몬 미리내 계피 같은 단어들을 모아 서랍에 정리하고
    깨진 유리병을 뒤집어 담장을 세울 거예요

    침대 밖으로 몸을 밀어내 바게트를 사러 가거나
    열린 창문과 다이빙대를 한 문장에 넣어 우물거리기도 하겠죠

    검은 개가 꼬리를 흔드는 골목을 빠르게 달려가는 운동화는
    동물원의 초원에나 어울리는 클리셰지만

    내 얼굴의 계절을 발견한 첫 손가락을 위해 나는 우주로 갑니다

    전화할 수 없을 거예요

왠지, 그럴 것 같아서

●스타티스: 서늘한 기후를 좋아하고 저온에 강한 꽃. 꽃말은 영원한 사랑이다.

### 로코코 양식으로 깎은 밤

가벼운 옷을 걸친 소년은 배를 깔고 누워
보여 준다
혈관 속 천 개의 눈들에게

불거진 뼈끝과 뜨거운 귓불로 입술은 다가갈 수밖에

여름날의 하늘 그리고 오얏
무화과, 당신의 피로 만든 알약은
모든 병을 치유하고

멍든 복숭아 앞에서
포돗빛 피는 심장을 들락날락하며
빠르게 움직이는 회색 구름을 따른다

감시하는 혀와 움직이는 눈들
아주 늙은 오래된 사람의 촛불은 묽은 눈물로

들장미 같은 입술 촉촉하고 엉킨 속눈썹을
사랑했기 때문에

팔월은 무덥다는 거지

내 베개에서는 소년의 머리카락 냄새가 났다

기침하고 침 뱉는 숲속에서
멍이 든 복숭아 나의

살굿빛 파랑 소란스런 밤

●혈관 속 천 개의 눈: 블라디미르 나보코프의 소설 『롤리타』의 문장 중에서.

## 이석증

우리가 같은 흰색을 보고 있다니
믿을 수 없어

너의 손을 잡아서 나 죽어 가고 있잖아

이불을 목 끝까지 끌어당기고
이마를 짚어 줘

비극이 유행으로 지날 수 있게

내장을 볶은 음식을 나누어 먹고
고슴도치를 함께 길들이자

사무적인 자백을
최대한 객관적인 그러면서도 사실적인
거짓말을 위해

내가 원하는 것을 네가 원하지 않아서

나는 너의 손가락을 만지며

여러 번 우물거렸다

여기 삼인칭은 없으니
우리는 함께 흰색을 본 적이 있어

모두가 알면서 모르는 척해 주었던
비밀들로 가득한

나의 손을 잡아서

## 야간 개장

일요일의 호수는 평화롭다 도덕적으로
오리들이 헤엄치고 싱거운 빵을 잘도 뜯어 먹는다

나는 당신 오른손만 사랑해
두 번씩 손을 상상해도 당신 손은 하나다

차 안에 앉아서 우리는 정지하고 관찰한다
살아 있는 날개 살아 있는 주둥이 살아 있는 발목
그런데 오리는 나는 방법을 알고 있을까?

당신은 내 입술을 찾아 당신의 입술을 확인하고
순서대로 옷을 벗긴다
위에서부터 아래로 윤리적으로

어쩌다 올이 나간 스타킹 때문에
당신의 흔들림에 집중할 수가 없다

어제의 오리는 오늘의 오리와 어떻게 다른지
월요일, 오리. 화요일, 오리. 수요일, 오리?
목요일에게 돌아갈 빵은 없고

그러나 주여 일요일에는 울지 않게 하소서

## 네크로필리아

저기 나 신발이 없어요
강 위를 가로지르는 다리와 아파트의 옥상을
새벽 세 시의 계절이라 부를 때

거짓말은 낭만이고 진실은 소설이죠
그래서 우리는 쓸 수밖에 없어요

난간을 붙잡은 손등을 걸터앉은 엉덩이들을

보라색이에요, 하고 말하면
당신의 머릿속에선 어떤 멍의 색채가 퍼져 나가는지

굵고 견고한 저 넝쿨을 보세요
가시가 달렸죠 주렁주렁
붙잡은 수많은 손들이 보여요

이제 소설이 되겠습니다
굵은 가시는 많은 것을 벨 수 있어요
처음부터 굵은 건 아니었겠죠
낭만을 떠나서도 낭만은

더 많은 계속을 만듭니다

매번 다른 기억을 발음하면서
언제나 같다고 생각했지요
녹색, 백로, 독일, 벽돌
당신,

내 최초의 커브

읽어 줘요 나를
탯줄부터 안면골까지
눈동자부터 흉골까지

그래요 뼈에는 아름다운 이름이

## 프릭쇼

─
겨울의 머리카락을 땋고 있어
손가락을 사이에 넣어

여기는 시소의 세계
네가 올라오면 열까지 만져 볼래
처음 수를 세는 감각
오래 눈을 감으면

나의 이마에 뿔이 자라난다
두꺼운데도 날카로운 나의 뿔은
너의 배를 뚫을까

핑크색 휘장 안에서
난쟁이가 멈출 수 없는 춤을 출 때

연기가 들고나는 구멍
늘어난 살갗의 구멍은
무엇으로 채워야 하나

─
춤은 관두고 노래를 부르라는

단단한 무언가

망가진 시소 위에는 벌어지는 입
조각난 혀들의 범람과 휘어지는 등

뼈가 어긋나는 소리로 만든
사람들은
손뼉을 치고, 먹고
또,
또……?

## 간절기

　지금 가을의 비밀 레시피가 부려 놓은 침엽수 앞으로 가
신발을 벗으십시오
　이것이 내가 당신께 추천드리는 이 계절의 주사(酒肆)입
니다.

　내가 팔 수 있었던 것들을 생각합니까
　팔지 않을 것들을, 사고 싶으셨습니까.

　처음으로 다리 사이에 거울을 들이밀었던 날에 대해 이
야기해야겠군요.

　죽은 자의 머리에서 한동안 자라난다는 머리카락을 떠
올렸습니다.

　저의 주사(酒邪)랄까요 그러니

　엉덩이에 남은 붉은 손자국을 보여 드리지요

　당신의 가을을 내가 가져왔습니다.

**제3부 무인 모텔**

## 크렘 브륄레

　오늘 우리는 기도하던 손을 모아 박수를 치기를 바란다 흑인을 죽인 백인의 손 때문에 상점이 부서지고 사람들은 소리를 질렀다 불붙은 병들을 집어던지고 총기를 예찬했다 나는 마음대로 너를 나와 같은 범주에 넣곤 했다 그러니 지금부터의 우리는 당신 머릿속의 우리와 다른 질감일 수도 있다 가장 먼저 벌어진 입을 기념할 수도 있겠지
　가끔 물고기의 익사를 목격했고 친구는 모래시계 안의 모래를 세는 일을 갖게 되었다고 소식을 전해 왔다 창문은 반복되는 꿈을 설명하기 위해 아침의 빛깔과 노을의 붉음을 받아 적기 시작한다 네팔인의 쌍꺼풀을 가진 흑인 예수의 얼굴을 상상해 보자고 말을 꺼냈을 때 설탕을 태우는 냄새가 났다 꼭 이 사건 때문이 아니었더라도 사람들은 총기를 어루만졌을 것이다 사랑하는 사람의 살갗을 대하듯 당신은 그리고 우리는 총기 소지 불법 국가에 살며 주기적으로 불꽃놀이를 한다

압화

창문을 꼭 닫아 둔 자동차 안에 가을이 흩날린다

냄새가 있는 꿈을 꾸게 해 줄까
파랗게 부풀어 오르는 혈관

너는 눈을 뗄 수 없고
우리는 숲속에 있다

쿠키를 떨어뜨려야 하나
가끔은 의사가 필요하다는 생각

낙엽으로만 이루어진 숲
은진하게 타오르는 숲을
밟고 있는 영원한 발

낯선 언어로 부르는 노래에 춤을 추다
너의 발등은 본다
우리를
타오르는 별과 언어가 되지 못한 이파리들을
사이에 뿌리 돋아나는 말이 가진

색채가 있는 꿈을

수술대 위의 표정으로

나는 처음부터
당신의 구두를 훔치고 싶었어

주사기를 사기 위해
내일은 일을 하러 가야 하는데

가을은 달아나고
혈관 안으로 눈이 내린다

검고 단단한 벌레의 길이 된다

허밍

담배를 빨 줄 모르는 입술은 싫다
빠는 것보다 중요한 것은 삼키는 것인데
연기는 어떻게 몸 안에서 완벽하게 사라졌을까

나는 자주 내 몸에 새겨진 냄새에 대해 설명하고 싶었다

소년이 밟고 돌아온 계절을 맛볼 때
엄마의 죽음보다 옆집 개의 죽음에 더 큰 울음이 솟아났다면

나의 관 안에 함께 넣어 줄래

빗물에 내린 녹차 엄마가 흘린 눈물로 맛을 낸 미역국
지렁이와 민달팽이의 그림자 같은 것들
그래서
상상하면 자꾸
뾰족하게 세워지던 혀의 돌기

결국 너의 앞에 무릎을 꿇고
맹신한다

내가 모르는 곳에서 내린 비를 맞고 돌아온 입술로부터
흘러나오는 멜로디

너는 나를 적실 것이다

파과

그런 날의 바다는 소리만으로도 위안이지

단단한 종이컵에 갇힌 파도의 목소리에 눈을 감았다

뜨거워서 어디로든 내처 달렸다 뛰어내렸다

사방으로 지하로 그러나 높이가 없고

어디로든 뛸 수 있는 팔다리 때문에

길을 잃는다

뚜껑 없는 컵은 자꾸 달아나는 연기 때문에 어쩔 수 없었다

쟁반 위에 뿌리내릴 순 없을까

바다가 노크하는 평일과 천둥이 모락모락 피어나는 주말이

연속으로 찾아온다

구덩이를 찾아내 휴대폰을 던진다

깊이 곪아 있던 당신과 이미 썩어 있던 당신이 오른손을 교환한다

나의 목격은 왼손을 주머니에 넣는다

아무리 열심히 분리수거를 익혀도 청소차는 오지 않았다

내 달력에 피어난 꽃들이 지고 있었다

## 아메링고

밀실은 만들어지는 것이 아니라
태어나는 것
갈라진 혀를 갖는다는 건 이런 기분일까

천 개의 이야기를 만들게
갈빗대 하나만 내게 주어요

서툴게 뜨거워지던 공기 안에서

가만히 가만히 있었어
시키는 대로 영화에서처럼

몸이 배운 일들은
잊히지 않는다더니

부푸는 것은 막을 수 없다

내가 울면 딱딱한 사탕을 물려 줘요

시럽처럼 확실하고 표백제처럼 깨끗한

눈물의 중력을 존중합니다

첫 입맞춤을 기억하는 무릎과
어깨의 이빨 자국은
이 방에 어울리지 않아요

그러니 엎드리라고 하지 말아요

머리채를 잡지 않아도
당신의 과실은 뿌리내릴 거예요

시트 위에서

흔들리는 건 모두 옳아요 그것참,
달지 않나요?

## 오마주

개미들은 춤추기 위해 접시에 점점이 모인다
썩은 고기 위에 이빨을 박는 어둑함

숨을 멈추고 근육을 조일 때
그런 문장들은 우리의 살갗에 써진다

신이 선하다는 오해로부터

그러나
엄마는 신이 아니다

엄마는 여자
여자일 뿐

그녀는 나의 운동을 이해하지 않는다

내 입술에 묻은 계절의 부스러기와
누런 크림의 방울을
엄지로 지우며 추론하고 웃는

내가 암기한 규칙

다리가 많은 벌레의 다정함과
아름다운 촉수들

돌기는 단단해지고

어떤 피해자는 죽음 직전 살인자를 용서한다

무수히 춤추기 위해

## 인공

그 문장들이 우리에게 닿으려면
가장 좋아하는 개의 때 이른 죽음을 지켜봐야 해요

진흙과 먼지투성이의 그러나
사람이 빈손으로 할 수 있는 가장 유용한 일은 꽉 붙잡는 거겠지
늦은 밤이면
그럴 때가 있죠
눈을 가늘게 뜰 때면

어떻게 사람이 느낌이 될 수 있지?

내 창자를 빼 가, 그럼 진실을 말할게 가장 평범한 비밀을

우린 더 이상 죽는 게 안 무서워

좀 더 캄캄해지는 밤 간헐적으로 반짝이는 위성
절대 별빛일 수 없는 아니, 사실 누군가의 홍수

미안해요

다음 날 아침 그리고 매일 아침

우린 정말 그렇게 말해요
문장 속의 마침표로서, 신의 앞에서

## 스노우볼

영원한 파도의 방을
심장이 없는 털복숭이로 가득 채웠다

왼손을 씻는 오른손들

털복숭이들은 털복숭이들을 낳고
털복숭이들은 다시 털복숭이들을 낳았다

젖은 코와 부드러운 발가락을 가진 저 뭉치들의

피와 살은 무엇을 감싸야 했을까

무딘 칼이 지나간 배 안의
장기는 왜 구불구불한가요, 선생님
마구 구겨 넣기 위해서인가요

문제가 없어도 대답을 잘하는 우리
주먹 안에 쥐고 있는 것이 무엇인지는
보여 줄 수 없어

아무도 미워하지 않은
아무도 미워한 적 없는
너에게

운이 좋다면 이름이 생기고

더 운이 좋다면
내일 죽을 수 있을 것이다

아무도 미워하지 않고 아무도
미워한 적 없이




●아무도 미워한 적 없는: 하재영 소설가의 르포 『아무도 미워하지 않
는 개의 죽음』에서 빌리다.

## 역자 서문

―

　네가 두고 간 사전엔 셀 수 없이
　줄이 그어져 있었고

　나는 자주 그 줄에 걸려 넘어졌다

　바닥의 귀들에게 쏟아붓기에
　적당한 말들은
　모두 찢어져 있구나

　너덜거리는 살점들 위에
　새 글씨를 새겨 넣는 일은
　새벽을 걸치고 방문을 조용히 닫던 손등에게
　가장 잘 어울리는 촛불이었을까
　―
　**카삭**: 그림자가 투명해지는 병을 앓게 되는 삶의 양식
　―
　**는**:
　―
　**단독**: 투명한 채로 넘실거리는 수만의 어깨

―

모멸: 눈알이 굴러가는 속도는 다리가 많은 벌레가 지나간 길
내 몸에 이렇게나 많은 털들이?
다족류의 다리는 내 털에 엉겨 붙고,

ㅂ:

ㅅ:
ㅡ

~~아름다움~~: 곪고 터지며 고장을 내는 우리의 몸

~~촛농의 온도에서 태어나 뜨겁게 흔들리는~~
: 신
에게 공범이 있었다고 생각해
버리면 마음은 흘러, 넘칠까
넘치고 넘쳐서 삼켜 버릴까
그런 마음 위로 다시 줄을 긋는 손은

아름다움이라 쓸 수 있을까

## 코튼 캔디

묻는 순간 선명해지는 대답이거나
입 밖에서 휘발되는 무게이기를 그러니

당신이 사랑했던 것은 이제 여기 없다

얼룩말은 거짓말
하면서 웃지라는 말과
파란색의 사슴, 도도새의 운명 같은 것들

가독성 없는 편지와
소나기가 지나간 숲의 길
삼 일쯤 앓고 난 뒤에 피우는
첫 담배의 향

고양이의 앞발, 새벽의 밀크티로는 부족했던

멸망의 기록은 어른의 몫으로 남겨 두고
나는 악몽에 젖어 깨어나는 밤
이마를 쓸어 주는 차가운 손이 될 것이다

후회하는 건 아닌데 후회 같은 기분으로

안녕,

오늘은 변명이 어울리는 날씨야
당신이 사랑했던

## 키오스크

—

일기장을 펼치면 사월이 쏟아졌다

날씨는 나아지지 않을 것이다, 로 빼곡한

너는 너무 인간이다

내 뼈로 만든 피리를 너에게 주어야겠다

밤의 휘파람 대신 이 피리를 불으렴

네가 만진 유리컵을 다시 만지고

지문 위에 겹쳐진 지문으로 노래를 만들게

지금 무슨 생각해?

밤에 자른 손톱과 새벽에 불었던 휘파람
쥐와 뱀과 도둑들의 기도하는 입술

—

달의 테두리에 걸쳐진 문장

기울고 또 기우는 나의 사월

너는 정말 인간이다

## 실버타운

―
모든 섹스에는 서정이 필요해
우리는 건포도의 외설에 대하여
밤이 새도록 이야기할 수 있다

그 사람 죽여 줄까라고 물으면
추상적으로 흔들리는 휠체어

위에서 무언가 녹고 있어

날개에서 소리가 나는 벌레를 믿어

벌레라는 말보다 곤충이라는 말이
더 예의 바르지 않아?

믿어 의심치 않는다는 말 때문에

혼자 완성해야 하는 눅눅한 놀이가
젖어 들지 않는다

―
위는 뜨겁고 아래는 축축했던

과일이 마르면
단맛은 어디로 가야 하나

우리는 죽은 친구의 이름을 종이에 적어
비행기를 접는다

타 본 적 없는 뱃멀미를 흉내 내면서

어디까지 갈까 어디까지 갈 수 있을까
캘리포니아 아르헨티나 덴파사르

달콤하고 야한 낱말들
당신을 밀고 간다

## 올드타운

몸 안에 연기를 숨긴다는 느낌으로
스읍 숨을 들이쉬렴

신이 나의 머리를 쓰다듬는다

알약은 겨울에 태어난 아이의 손 같고
주사기는 팔월의 섹스 같아요

눈물과 땀의 맛이 비슷한 이유는
당신의 무릎에 얼굴을 묻는 순간

우주에 버려졌던 개 한 마리의 이름을
아침과 저녁에 한 번씩 불러 주세요

마차를 타고 가는 거야
타는 것은 대부분 신성한 것

마음이 아닌 머릿속에 묻어 둔 것이 있어

혈관 안에서 풀어지던 매듭을 위해

귓속으로 들어오지 못하고 귓바퀴를 떠돌던
어떤 단어들은
완벽한 알리바이가 되었다

호흡에 이름을 붙이는 건 즐거운 일이야

신의 이름으로 신의 얼굴인
우리는 딱딱한 구두 안의 고아들

이번 부모의 얼굴은 창백하기를
기도하고 기도하지만

신에게도 지문이 있을까
나의 부모는 입이 없었네

분실



—

　처음 죽은 사람의 얼굴을 만졌을 때 비로소 계절의 움직임을

　볼 수 있었습니다

　차가운 몸을 만진 손이 도서관에 책을 빌리러 갑니다

　어여쁜 단어로만 구성된 시집의 책등에 살을 부딪쳐도 될까요

　대출 연장을 부탁해야겠지요

　책장 사이에 끼워져 있던 음모(陰毛)의 서사를 몽상하는 동안

　손안의 온도는 변화하고 나를 부르는 소리가 휘발됩니다

　이 페이지에서 무릎을 꿇고

—

　우리의 너무 긴 수명을 애도하겠습니다

## 페이퍼돌

주머니는 흔들리기 좋지
깊고 까만 구멍이구나
함부로 집어넣을 수 있는 깊이로구나

당신은 통조림과 생수로
까망의 무게가 늘어난다고 자신한다
나는 칠월의 자두면 충분하다고 변명한다

조금 더 끈적거리는 상상을 해 볼까

이웃집 여자가 지게차에 깔려 죽었어
머리통이 박살 났다는데

시속 사십 킬로로 부서진
그런 아홉 시를 손꼽아 기다리는 동안
저녁은 식었고 아무도 전화하지 않았다

여전히 우리는 주머니를 보고 있고
무엇을 넣을지 고르는 중이다

어떤 소식이 사람들에게 발음될까
말라붙은 혀를 펼치면 뉴스가 후드득 떨어진다

성장을 그만둔 과일은 낙하하고 으깨진다
살점들 흥건하고 붉게 끈적거린다

몇 그루의 나무를 잊어야 저렇게 거대해질까

자두로 가득한 주머니는 울룩불룩 자라난다
발로 걷어차고 싶다는 충동이
주머니 밖의 세계를 흔들고
이야기를 지어내기 시작한다

기다려야지 가장 밑에 있는 자두부터 썩어 들어갈 수 있게
자두 하나 자두 둘 발끝이 짓이긴 자두가 흘리는
코가 얼얼하게 달고 단 냄새

당신 혹시 무언가 삼키지 않았어?

붉은 주머니 안으로 우리가 집어던진 것

그래. 오직 침뿐인 거니?

## 개와 늑대의 시간

노크 소리는 어떻게 만들어질까?
점점 길어지는 복도를 사이에 두고도
방문은 의심이 많아서 아무것도 하지 않았다
저 문을 의심하고 얼굴을 의심하고 달을 의심하고 그러다 보면
손님은 발소리만으로도 부담스럽다니까
시계추는 중심이라는 어감을 곱씹으며
산수 시간에 배운 불공평을 복습하지만
숫자는 끝이 없으니까
왼쪽과 오른쪽의 기준은 당신인 건가?
가운데에 서 있다는 확신은 몇 시에 도착하지?
일단 외워 볼까 말랑말랑한 호두가 세상 어딘가에 있다고 믿으며
방의 개수와 창의 개수가 달라도
방문객들의 걸음은 균일하다는 발견
보다 먼저 도착한 당신의 코트와 모자는
처음 보는 곡선으로 방 안을 지우기 시작한다
내가 받아 든 중절모 안에서 딱딱한 비둘기가 쏟아진다
무례한 시간 그러나 상할 기분은 누구도 가져오지 않았나 봐

그러니 내일은 검고 단단하리라는 확신
친밀하게 뻗어 오는 소리 그 소리
똑, 똑, 똑, 그래
당신은 수월하게 똑똑한 사람

애드벌룬

―
　　지갑이 무중력을 배운다

　　흔하게 바다 위에서 말해질 수 있는 것들

　　거대한 건 습관이야

　　담배를 사고 서점으로 걸어 들어가 날씨를 산다

　　계획 없이 단순하게 얇고 가벼워서

　　가능성으로 조립된 표정들 얼굴과 멀어지고

　　값나가는 것들은 모두 어려워 싼 것들은 애매하지

　　쓰다듬을 수 없는 연기 낯익고 친해지고 싶지 않아

　　바람이 울면 숨이 찬다 진짜는
　　어느 하늘 아삭한 글자

―
　　공중에서 계속 자살하는데

이야기는 태어나고

해 달 별 구름 선명하게

자꾸자꾸 공중으로 부풀어 올랐다

손이 있어서 손 때문에

천천히

눈

마르고

## 나팔소라

아프지 않은 몸에 주사기를 밀어 넣을 때
끝이 있는 이야기가 제힘으로 걸어간다

나와는 무관한 해변에 버려진 안부라고 여기며

버리는 손들을 그리며

그 손의 주인들은 생각이 많고
서랍이 많고 결정적으로 무거운
주머니를 가져서
발을 끌며 걷는다고

공중에 뿌리내리는 식물을
반려로 들이고
휴일에는 온통 잠을 자면서

서로의 귓가에 손을 가져다 대고 전달할 꿈의
직조

나의 방은 조금 더 눅눅해지기로

때가 되면 아프고
누운 자리에서 더 깊이 가라앉기로

얼마만큼 가야 발자국들을 지울 수 있을까

간헐적으로 뒤돌아보면서

사순절

이거 너무 잔인하지 않아요

어린 소년들과 소녀들
발효시키지 않은 빵에 이빨을 박는
깨진 거울을 눈두덩에 올리고 잠에 빠져
나와 길게 눈을 맞춥니다

동그란 콧망울의 아이에게 말해 줄게
발등 푸른 혈관의 맛을 알 수 있을지
이제 너는 집에 갈 수 없단다
엄마는 너를 기다리며 고기를 손질하지
너무 부드러워진 고기는
원래 모양을 놓쳐 버린다

그래도 크리스마스는 오고 있어
사육제 지나 냄새나는 재를 지고

저기요, 거기 누구 아직 있어요?
시작은 둘이었는데

썩은 계란이 자루 가득 쌓여 간다

네가 자라지 않기를 바라며 조각난 얼굴에 가까이 다가갔던 혀들

그러니 이제 우리는 서로를 만져야 할 때

## 코인라커

오늘은 다리가 풀려서 갈 수 있겠다
밤새
폐장한 해변
낡은 샤워 타월
성매수자들이 흘린 음모로
이루어진 숲

철물점에 들어가 골드피쉬를 사고
투명 비닐봉지에 본드를 짜 넣으면
늘어나는 경우의 수

그런 것들을 붙잡고
나는 춤을 춘 거야

술만 마시지 않으면
시를 짓고 망치질도 잘하는
튼튼한 인간에게 안겨

모두가 죽기를 바랐던 아침

잠시만 지느러미를 빌리자
고요히
배영하는 물고기들의 흰 배에

키스를 보내며

# 보트피플

침대는 보트가 되어 밤을 지나는 중이다

문고리에 수건을 거는 것만으로도 영원할 까망을 향해 손톱은 끝을 세워 당신의 등에 붉은 길을 낸다 살결을 따라 찾는 것은 호수의 얼굴 수면에 고여 있는 자정 이후의 이야기 무거운 입술과 가을 장미를 오해하고 벌어지는 것들의 부드러움을 미워해야지 살아 있는 물고기에서 떼어내 혀 위에 올린 살점이 어금니에서 부서지는 순간에 수면의 표정은 흩어진다 서른하나의 내가 스물다섯의 나를 벗고 보트의 난간을 붙잡는다 간신히 흔들리는 그대 방향을 지우며 앞으로 나아가 본 적 있는지 감은 눈으로 뒤로 넘어져 본 적 있는지 그런, 지문이 보트 위에 낭자하다 밤이 끝나도 영원할 항해 안에서 내가 만든 붉은 길

해설

# 유치와 안녕으로 당도한 해변

김정빈(문학평론가)

**1. "그때 내가 할 수 있는 오해들은 따뜻하고 무모하겠지"(「공중정원」)**

새벽에 감자칩 봉지를 열어 몇 조각 주워 먹다가 아주 작은 날벌레를 마주쳤다고 하자. 벌레는 잠깐 보이다 사라졌고, 문득 봉지 안에 벌레가 들어간 게 아닌가 하는 의심이 싹텄을 때, 먹다 남은 봉지를 들여다보니 기름과 감자 껍질 조각이 뒤섞여 있다. 점보다도 작은 벌레는 감자칩과 함께 있을 수도 있고, 모르는 사이 내 입에 들어갈 수도 있고, 어디에도 없을 수도 있다. 그렇다면 당신은 감자칩을 계속 먹을 것인가, 그만둘 것인가? 어느 쪽이든 봉지에 있던 감자칩을 모두 흰 접시에 옮겨 담아 벌레가 없다는 것을 확인하기 전까지는 의심이 싹튼 이상 마음이 개운하지는 않을 테다.

의심에 대해 말하기 전에, 불안에 대해 말해 보고자 한다. 의심은 분명 불안을 낳지만, 불안은 모두에게 공평하지는 않다. 누군가에게 불안은 거대하고 또 누군가에겐 찝찝한 수준에 불과하기 마련이다. 아무렇지 않게 감자칩을 계속 먹을 수 있는 사람도 있고 더 이상 먹기를 거부하는 사람도 있듯이. 같은 상황 속에서 사람은 각자의 시야로, 저마다 다르게 감각하고 저마다 다른 세계를 살아가고 있다.

이를테면, "세상에는 새를 파는 가게가 있고 누군가는/길들이는 일을 취미처럼 진지하게 생각"한다(「프릭쇼」). 새를 파는 행위는 새를 생명보다는 물건에 가깝게 취급하는 일이지만, 길들이는 일은 새를 생명으로 대해야만 가능한 일이다. 동시에, 길들인다는 것은 본래의 특성과 원하는 특성의 균형을 적절하게 맞추는 과정이라는 점에서 새를 진정으로 존중하는 것인지 의문이 들기도 한다. 이처럼 현실은 겹겹의 진실들로 둘러싸여 있고 그 모든 겹들을 하나씩 들춰 보기 위해서는 의심이 필요하다.

"신이 왜 우리를 사랑해야 해? 라는 의문으로/이 글은 시작한다"는 전언처럼(「프로아나」), 김지은의 시에는 대답 받지 못할 의문들이 산재해 있다. 가령 "죽은 사람을 미워할 수 있을까" 묻고(「베이킹파우더」), "신도 배가 고플까" 궁금해하지만(「농람」), 명확한 답을 받는 것은 아니다. 때로는 화자를 향해 의문을 던지는 이도 있다. "어떻게 그럴 수 있냐"라는 누군가의 의문을 마주했을 때, "사람이니까 사람을 죽이고 싶지 어떻게 그럴 수 있냐는 말은 통증을 이해해 본 적 없는 인간이나 할 수 있는 말"이라며 반박하기도 하지만, 이후에 이어지는 "나는 단 한 번도 개나 고양이를 발로 찬 적이 없"다며 자신의 사람됨을 변명하는 것으로 미루어 보아, 답변하는 화자도 스스로 확신하지 못함을 보여 준다(「밀월」). 흩어지는 질문들은 비록 답은 들을 수 없지만, 세계를 한 겹 한 겹 벗겨 내며 동시에 존재하는 무수한 세계를 마주할 수 있는 기회를 제공한다.

아이는 세상을 파악할 때, 끝없이 질문을 던진다. 개중 어떤 것은 답하기 쉽고, 어떤 것은 왜 이런 것을 궁금해하는지 신기할 정도로 엉뚱하고, 어떤 것은 그저 답하기 어려워 질문을 얼버무리게 된다.

끝없이 질문하는 태도는 세계를 이루는 층위 중 이해할 수 있는 것과 이해할 수 없는 것, 이해될 수 있는 것과 이해받을 수 없는 것을 구분하는 행위이기도 한 셈이다. 그러나 앞서 말했듯 세상은 사람마다 다르므로, 분명하게 알고 있다고 자신하는 일은 결국 분명하게 누군가를 잘못 진단하는 일과 같다. 무자비하게 내려진 답들은 낱장의 세상들을 한데 뭉쳐 재단하고 이름을 붙이고 정의한다. 여기서부터 여기까지는 옳고 여기서부터 여기까지는 이상한 것이라고.

아이는 자라면서 물었던 것을 또 묻고, 들었던 답변을 또 듣는다. 이 과정에서 아이는 부모가 분명히 알고 있는 것을 쉽게 체득하고, 그다지 알아 둘 필요가 없는 것을 쉽게 잊는다. "들숨과 날숨의 순서"처럼 자연스럽게 세상을 정의한다(「가스라이팅」). 하지만 그렇게 체득한 세계는 아이의 세계가 아니라, 부모의 세계다. 나만 볼 수 있는 나의 시야를 온전히 찾기 위해서는 알고 있었던 답변에 의심을 품어야 하고, 어쩌면 스스로에 대한 확신도 잃어야 한다("들숨과 날숨의 순서를 잊었다 분명 나는 문제가 있어 조금씩 미쳐 가고 있거나 닳고 있는지도 몰라", 「가스라이팅」). 스스로를 의심하고 부푼 불안 속에서 사는 일은 위태로운 것이다.

> 나는 지도 위에 그리고 있어
> 유치들이 가는 나라
> 코끼리가 죽기 위해 몸을 뉘러 달려가는 곳
> 새는 죽으면 내장부터 썩는대
> 누구나 그렇지 않나……
> 어떤 사실은 영원히 이해되지 않는다
> 고개를 주억이면 이해의 체위에 가까워지는 기분
> (중략)
>
> 팔레트를 펼쳐 침을 뱉고 물감을 섞어
> 우리의 점도 높은 풍경을 채울게
>
> 지도 위 새로운 나라에 분명 당도할
>
> 차가운 몸들을 위해
>
> ―「모방범」 부분

유치함이 어린 행동을 하는 것이라면, 질문하기에서 유치함이란, 남들이 구태여 묻지 않는 질문을 던지는 것일 테다. 그 반대는 남들이 으레 그렇다고 믿는 것을 따르는 것일 테다. 그렇다면 유치한 말은 아무도 동의해 줄 수 없는 말이지만 사실은 모두가 한때 동의했거나 지금도 내심 동의하고 싶은 말일 수 있다. 유치하게 짚어 보자면, 정의는 언제나 승리한다거나 신은 모두를 사랑한다는 말이 유치하다고 치부될 수 있지 않을까.

코끼리가 죽음이 가까워질 때 스스로 무리를 떠나 먼 무덤을 찾으러 간다는 속설은 거짓이다. 거추장스러운 사냥 없이 산더미같이 쌓인 상아를 차지하고 싶었던 누군가가 만든 낭설에 가깝다. 코끼리는 초원에서 무자비하게 때로는 무리 속에서 평화롭게 죽는다. 그럼에도 "코끼리가 죽기 위해 몸을 뉘러 달려가는 곳"이 있다면 죽음이 가까울 때, 기꺼이 함께 달려가 몸을 같이 뉘고 싶다. 거짓과 환상일지라도 평온을 찾을 수 있다면, 기꺼이 뛰어들 수 있는 것이다.

스스로를 찾아가는 과정에서 불안과 위태로움에 빠졌을 때, 누군가는 이를 두고 이해되지 않고 유치하다고 치부할 수 있다. 이때 다른 이들의 시선으로 쌓아 올린 세계에는 종말을 고해야 한다. "이름의 테두리가 부서지기 시작할 때", "모서리를 삼"키고 "어딘가의 귀퉁이들을" 무너트리는 방식으로(「일인칭 종말」). '테두리'와 '모서리', '귀퉁이'는 절단하고 남은 단면이다. 누군가의 무자비한 정의와 설명으로 고정된 형태를 가진 것처럼 오해받았던 증거다. 이를 무너뜨리는 '일인칭의 종말'은 다른 이들이 재단하고 규명한 지도 위에 침을 탁 뱉고 색을 다시 칠하는 일이다. 비로소 '나'

만의 나라를 새로 그리는 일이다. "우리를 정의하지 말아 줘 설명하려고 하지 말아 줘" 외치며 "꽃말도 모르면서 꽃을 사 주고 받는" 모습을 해석도 진단도 없이 그대로 받아들일 때(「타로」), 비로소 일인칭의 세상은 재창조를 위해 종말한다. 그리하여 따뜻하고 무모한 오해를 실컷 할 터전이 마련된다.

### 2. "안녕이라고 말하고 싶어서 당신을 사랑하기 시작했어"(「서울, 서울」)

> 내가 궁금해하는 것을 너도 궁금해한다면
> 나의 달력에 네가 메모를 하고
>
> 기록이 기억으로 그치지 않도록
> 나는 부지런해질 텐데
>
> ―「연인」 부분

기존의 체계를 무너뜨리고 새로운 색으로 덮어 세워진 "유치들이 가는 나라"는 분명 새로 "당도할//차가운 몸"을 위해 그려졌다. '나라'를 처음 창조한 '나'는 '나라' 그 자체로서 홀로 외로운 세월을 보냈을 테다. 외로움에 못 이겨 새로운 이를 초대했을 수도 있고 멋모르고 찾아온 이를 기꺼이 품어 주었을 수도 있다. 어느 쪽이든, 뒤이어 '나라'에 도달한 이는 '나라'를 창조한 '나'와 동화될 수 있을까?

시집 속 화자들은 동질감을 나누는 '당신', '소년' 또는 '너'를 마주한다. 그들은 때로 "더 작은 쪽 눈에 입을 맞"추는 연인의 모습이기도 하고(「연인」), "오 분만 있다가 깨워 줘, 라는 소년의 꿈 안으로/까치발로 들어가 심었던 나무에 대해/그 나무에 열린 단어로 만든 노래의 눈부심에 대해" 말할 수 있을 만큼 친밀하기도 하며(「손차양」), 함께 시간을 보내는 '우리'로서 드러나기도 한다. 그러나 "내 입술을 찾아 당신의 입술을 확인"한 후 옷을 벗기는 일이 "위에서부터 아래로 윤리적으로" 묘사되는 것으로 보아(「야간 개장」), 두 사람에게 균열이 존재함을 알 수 있다. 사람 간의 순서와 약속이 생기는 것은 두 사람이 서로 다름을 전제하기 때문이다. 윤리란 심지어 깨어지지 않을 것으로 기대된다. 새로 그린 '나라'에 초대되었던 다정한 이들은 "언제나 내가 한 말들을 고쳐" 쓰는 존재로 변모한다(「캠핑」).

  우리가 같은 흰색을 보고 있다니
  믿을 수 없어

  너의 손을 잡아서 나 죽어 가고 있잖아

  이불을 목 끝까지 끌어당기고
  이마를 짚어 줘

  비극이 유행으로 지날 수 있게

(중략)

여기 삼인칭은 없으니
우리는 함께 흰색을 본 적이 있어

모두가 알면서 모르는 척해 주었던
비밀들로 가득한

나의 손을 잡아서

—「이석증」 부분

　위 시의 화자는 '우리'가 "함께 흰색을 본 적이 있"다고 우기지만 이는 모두가 "모르는 척해" 주는 비밀이다. 실제로 사람은 서로 다르게 색을 받아들인다. 색이름을 많이 알수록 스펙트럼 안에서 색의 분계점을 더 많이 발견하기도 하고, 역광 개념에 익숙한 정도에 따라 사진 속 드레스가 파란색-검은색 줄무늬인지 하얀색-금색 줄무늬인지 다르게 보이는 사례(The dress debate)도 있다.
　이들은 서로 친밀하고 다정한 '우리'이면서 동시에 자신을 읽어 달라 요구하는 순간에도("읽어 줘요 나를"), "보라색이에요, 하고 말하면/당신의 머릿속에선 어떤 명의 색채가 퍼져 나가는지" 전혀 알 수 없는 존재다(「네크로필리아」). "너의 손을 잡아서" '나'는 죽어 가지만, 동시에 "나의 손을 잡"

기를 권한다. "내가 원하는 것을 네가 원하지 않"으며(「이석 증」), 합치되고 싶었던 열망은 이제 "우리는 우리인데 왜 동시에 눈을 깜박일 수 없을까, 같은 속도로 심장이 뛰지 않을까" 하는 좌절로 돌아서게 된다(「낮은기분증후군」).

> 너는 본 적 없는 소란을 주워 들며 침착하고 영원하다
> 나는 너의 표정이 참 회색답다고 칭찬한다
> 너의 가늘고 위태로운 발목에 다시 입을 맞추며
> 오늘은 겨울입니까?
> 너와 나는 어느 방향을 향하고 있습니까?
> 언젠가 너의 손바닥은 넓어지고 손가락은 굵어지겠지
> 모든 것이 늘어날 만큼 늘어나 오늘을 덮을 것이다
> 검고 두꺼운 털이 너의 몸을 뚫고 자라나 겨울로부터 멀어지고
> 회색을 그만두는 날이 오겠지
> 나는 그날의 아름다운 검고 무거워진 소년을 위해
> 깨어진 입술로 거짓말을 하고
> 기침을 하면서도 바람이 불어오는 방향으로
> 한 번 더 거짓말을 하고
> 창을 거칠게 닫고 맛을 기억하는 혀를 뽑고 눈알을 짓이긴다
> 회색은 처음부터 없었던 색이라고
> 나는 그런 색은 꿈에서도 맛본 적 없다고
> 인도적으로 새카매질 당신을 위하여

—「퍼플 스모크 브라스」 부분

"소년은 남자로 자라나고 모두의 몸 위로 굵은 털은 솟아나" 결국 '나'와 격차가 생기고 '나'를 떠날 운명을 품고 있다(「캠핑」). '우리'가 함께 '흰색'을 보는 것에 실패하고 '소년'이 아름답고 검고 무거워질 운명이라면 그 중간인 '회색'은 '우리'가 같은 존재이고 하나가 될 수 있다고 기꺼이 "따뜻하고 무모"(「서울, 서울」)한 오해를 실컷 할 수 있는 기적 같은 영역인 셈이다.

'소년'에게서 "검고 두꺼운 털"이 자라나 "회색을 그만두는 날"이 오리라는 운명을 예감할 때, "바람이 불어오는 방향으로" 두 번 거짓말을 하는 일은, 다른 작품 속 "거짓말은 낭만"이라는 구절을 빌려 볼 때(「네크로필리아」), "너는 간격이라 부르고 나는 평온이라 말했던/그런 바람"에 잠깐 기대(「퍼플 스모크 브라스」) 완연한 '회색'과 낭만을 평온히 만끽한 것으로 보인다. 그리고 남은 일은 모질게 '소년'을 새까만 '남자'의 영역으로 분리해 내는 일뿐이다.

3. "나는 마음대로 너를 나와 같은 범주에 넣곤 했다 그러니 지금부터의 우리는 당신 머릿속의 우리와 다른 질감일 수도 있다"(「크렘 브륄레」)

묻는 순간 선명해지는 대답이거나
입 밖에서 휘발되는 무게이기를 그러니

당신이 사랑했던 것은 이제 여기 없다

(중략)

멸망의 기록은 어른의 몫으로 남겨 두고
나는 악몽에 젖어 깨어나는 밤
이마를 쓸어 주는 차가운 손이 될 것이다

후회하는 건 아닌데 후회 같은 기분으로

안녕,

오늘은 변명이 어울리는 날씨야
당신이 사랑했던

─「코튼 캔디」 부분

 누군가의 말대로 사랑은 다 바람일까. 몰아치든 선선하든 결국엔 다 지나가므로. "사랑했던 것"이 다 지나가고 이제 여기 없을 때, 답이 없는 질문으로 세상을 무너뜨리던 '나'는 "문제가 없어도 대답을 잘하는 우리"가 되고(「스노우볼」), "일인칭 종말"을 겪어서 자신의 세상을 찾았던 이들은 기록을 남기기 위해 종말 이전의 세계로 살아 돌아와 '어른'이 된다. 자 이제 선택할 때다. '소년'을 새카만 깜장으로 밀어낸 이후, "묻는 순간 선명해지는 대답"으로 남을지 "입 밖에서 휘발되는 무게"로 사라질지를.

앞선 「서울, 서울」에서 '나'는 "안녕"이라고 말하고 싶어서 사랑을 시작했다. "안녕"이 시작의 말일 때 혼자서는 할 수 없고 끝을 말할 때는 혼자서도 뒤늦게 뱉을 수 있다면, 위 시의 '나'는 사랑 없이도 '당신'에게 "안녕" 외칠 수 있는 여유를 가진 채 영영 머무를 셈이다. "악몽에 젖어 깨어나는 밤" "비극이 유행으로" 지나갈 수 있게 "이마를 쓸어 주는 차가운 손"으로 남을 셈이다. 아이의 질문에서 시작했지만 "어른"의 길은 택하지 않았으니 "성장을 그만둔 과일"이며(「페이퍼돌」), 언뜻 모순적으로 보이지만 필연적으로 탄생한 "총기 소지 불법 국가"에서 하는 주기적 "불꽃놀이"로 남은 셈이다(「크렘 브륄레」).

'소년'에게서 자라난 털이 새카매진다면 "성장을 그만둔 과일은 낙하하고 으깨"져서 "살점들 흥건하고 붉게 끈적거린다". 이때 이 붉은색은 "코가 얼얼하게 달고 단 냄새"만큼이나 짙은 힘을 지니고 있어 "깊고 까만 구멍"을 "붉은 주머니"로 탈바꿈시킬 수 있다.(「페이퍼돌」) 또, "영원할 까망을 향해" 밤을 지나는 침대 위로 손톱 "끝을 세워 당신의 등에 붉은 길을" 내면 "밤이 끝나도" 항해는 붉은 길과 함께 영원히 이어진다(「보트피플」). 아무렇지 않게 때로는 끈적하게 검정을 붉게 바꿔 버리는 모습이 집요하기도 또 여유로워 보이기도 하다.

오늘은 다리가 풀려서 갈 수 있겠다
밤새
폐장한 해변
낡은 샤워 타월
성매수자들이 흘린 음모로
이루어진 숲

철물점에 들어가 골드피쉬를 사고
투명 비닐봉지에 본드를 짜 넣으면
늘어나는 경우의 수

그런 것들을 붙잡고
나는 춤을 춘 거야

술만 마시지 않으면
시를 짓고 망치질도 잘하는
튼튼한 인간에게 안겨

모두가 죽기를 바랐던 아침

잠시만 지느러미를 빌리자
고요히
배영하는 물고기들의 흰 배에

키스를 보내며

―「코인라커」 전문

"개장과 폐장이 있는 해변"에 "한 쌍의 귀"를 버리고 올 때 "필연이 당신과 나를 묶어 뒀"다면(「타로」) 새까만 밤 "폐장한 해변"에 '음모'를 상상하며 들어가는 표정에 장난기가 서려 보이는 것은 왜일까. 그 '음모'는 털(陰毛)일 수도 있지만, 수작(陰謀)일 수도 있다. 이렇게 보니 비닐봉지에 본드를 짜서 들이마시고 밤새 춤을 추며 일탈하는 모습이 대범하고 시원시원해 보이기도 하다. 마침내 밤이 지나고 "모두가 죽기를 바랐던 아침"이 왔지만, 불행인지 다행인지 무사할 때 물고기들에게 '키스'를 보내는 모습에서는 또 여유가 느껴진다. 시집 전체에서 단 한 번 등장하는 '키스'가 다른 이들이 아닌 "물고기들의 흰 배"를 향하는 여유.

장난은 어린아이의 전유물처럼 보이지만 사실 장난을 할 수 있는 힘은 전지전능에 가까운 신의 권능이다. 트릭스터의 장난은 세상을 한순간에 뒤엎고 혼돈을 만들지만 결국 세상을 바꿀 기회를 주기도 한다. 세계를 한번 무너뜨려야만 새로 세울 수 있고, 이를 유지해 온 여유를 가지고 장난을 칠 수 있다. 대답 없는 질문에서 시작해 지도 위에 새로 '나라'를 그리고, 털 자란 검은색을 모질게 보내지만 동시에 장난기와 여유 가득한 붉은 모습으로 남는 이 세계. 이제 나는 김지은의 시가 또다시 천진난만한 얼굴이거나, 표정 없는 희미한 얼굴을 하고 '나'의 해변으로 밤새 춤을 추러 오기를 기대한다. 코가 얼얼하게 달달한 자두 냄새를 풍기며, 기꺼이 우리 세계를 뒤엎어 주기를.